¡A COMER!

Como los cavernícolas, los piratas y otros personajes históricos

RACHEL LEVIN

ILUSTRADO POR NATALIA ROJAS CASTRO

Para Hazel y Oren, que se dieron un atracón de rollitos de aguacate anoche mismo. - RL

Para Marge, mi chef favorita del mundo mundial. - NRC

Phaidon Press Limited
2 Cooperage Yard
Londres E15 2QR

Phaidon Press Inc.
65 Bleecker Street
Nueva York, NY 10012

phaidon.com

Primera edición en español 2023

Obras de arte creadas digitalmente

ISBN 978 1 83866 681 1
006-0123

Las recetas de este libro están diseñadas para niños, pero requieren la supervisión de un adulto en todo momento. Depende de los padres y de los tutores elegir las recetas y los ingredientes apropiados, y garantizar su seguridad.

Directora editorial: Maya Gartner
Editora de proyecto: Alice-May Bermingham
Producción: Rebecca Price
Diseño: Ana Teodoro, Cantina

Responsable de la edición española: Baptiste Roque-Genest
Traducción del inglés: Elena Aranaz y Luis de Manuel
para Cillero & de Motta

Impreso en China

¿Qué haces tú que también hacían los cavernícolas
y los antiguos egipcios y siguen haciendo los astronautas
todos los días?

¡COMER! Pero ¿sabes de qué se alimentaban los *ninja*?
¿Los piratas comían de verdad cuero? ¿Quién comía qué
y por qué? Depende de **quiénes** se trate y de **dónde** y **cuándo**
vivieron. ¡A lo largo de la historia no siempre
hemos comido lo mismo!

¡Pasa la página para viajar en el tiempo y el espacio
y adivinar quién comía qué!

¿Qué comían los **CAVERNÍCOLAS?**

¡Bienvenidos a la Edad de Piedra! Los primeros seres humanos modernos de la Tierra, también llamados hombres del Paleolítico, evolucionaron hace al menos 200 000 años. Vivieron (¡y comieron!) por todo el mundo, pero de forma muy diferente a como vivimos (y comemos) hoy en día. Como no había restaurantes ni supermercados, tenían que cazar y recolectar lo que encontraban en la naturaleza. ¿Qué crees que comían? ¿Te parece apetitoso? ¡Fíjate en la imagen y adivina lo que realmente comían o no!

BELLOTAS
HIGOS
MAMUTS
FRUTOS
DEL BOSQUE
PIZZAS
DÁTILES
SEMILLAS
DE CARDO
PIEDRAS
HUESOS
ANTÍLOPES
COLES SILVESTRES

¡Los **CAVERNÍCOLAS** comían bellotas!

¡Y todo lo que pillaban! Recolectaban y cazaban lo que encontraban allí donde vivían: frutos secos, semillas e incluso hierbas. La comida ha evolucionado mucho a lo largo del tiempo y es probable que tuviera un aspecto diferente entonces. (¡Las patatas tenían el tamaño de un cacahuete!, ¿te imaginas?) Con el descubrimiento del fuego, empezaron a asar la carne y el pescado. ¿Y de postre? Bueno, los pasteles y las galletas no existían... ¿Sabes qué comían en su lugar? ¡Frutos del bosque! ¡Se han encontrado diminutos trozos de dátiles en los dientes de los restos de un ser humano de hace 40 000 años!

COMÍAN

BELLOTAS
Se recogían de la naturaleza y se asaban. **¡Prueba la receta que aparece al final del libro!**

JUNCOS
Estas plantas de tallos rectos, que se comían como las mazorcas de maíz, eran crujientes y algo dulces.

COLES SILVESTRES
Las verduras y las plantas de hoja prehistóricas se comieron hacia el final de la Edad de Piedra.

CASTAÑAS DE AGUA
Estos tubérculos crujientes y ligeramente dulces (¡no son frutos secos!) crecen en el agua.

SEMILLAS DE CARDO
El cardo es una hierba de crecimiento rápido que tiene muchos nutrientes.

ACEITUNAS
Frutos (¡sí, frutos!) de tamaño pequeño y fuerte sabor amargo si se comen directamente del árbol.

DÁTILES
Estos frutos, que crecen en las palmeras datileras, ¡son los caramelos de la naturaleza!

HIGOS
Frutos de carne dulce, color rosado y muchas semillas. Posiblemente similares a los higos actuales.

HUESOS
Seguramente los hombres de las cavernas extraían el tuétano del interior de los huesos.

FRUTOS DEL BOSQUE
Más pequeños que los de hoy en día, siguen siendo un delicioso tentempié.

PECES
Se pescaban con lanzas de madera y probablemente se asaban al fuego.

ANTÍLOPES Y MAMUTS
Las pinturas rupestres más antiguas muestran a personas cazándolos con arcos y flechas.

NO COMÍAN

PIZZAS
El queso, el pan y la salsa de tomate no existían. ¡Ni la comida a domicilio!

LECHE
Los primeros seres humanos no digerían bien la leche de los animales, por lo que les habría sentado mal.

PIEDRAS
Parece ser que los dinosaurios comían piedras para digerir la comida. ¡Pero las personas no!

¿Qué comían los **ANTIGUOS EGIPCIOS?**

¡Para construir esas enormes pirámides se necesitaba mucha energía! La civilización egipcia existió cerca de 3000 años y, durante ese tiempo, los antiguos egipcios comieron de todo. Conocemos algunos de los alimentos que tomaron hace 4500 años porque se han encontrado restos de carne momificada en tumbas muy, muy antiguas. A menudo enterraban trozos de carne de sapo o cordero junto a los muertos, ya que se creía que necesitaban alimentarse. La gente comía fruta fresca, como las granadas, y utilizaba cereales como la cebada para elaborar pasteles, pan y cerveza. ¿Qué crees que comían los faraones y el resto de los egipcios?

CERVEZA
CABRAS
PAN
CHUFAS
HIPOPÓTAMOS
PERCAS
ERIZOS
RATONES
GRANADAS

¡Los **ANTIGUOS EGIPCIOS** comían hipopótamos!

¡Y muchas cosas más! El río Nilo, uno de los más largos del mundo, atraviesa Egipto. Sus aguas fertilizaban los campos y permitían obtener abundantes cosechas. Los antiguos egipcios tenían muchos animales, algunos de los cuales no solo les servían de alimento sino que funcionaban como símbolos. Los faraones y las personas más ricas disfrutaban de una dieta variada, que incluía desde pastelitos con miel hasta carnes asadas. Solían sentarse a la mesa y tenían sirvientes que les llevaban la comida. Los más pobres se acomodaban en el suelo, encima de esteras. Todos comían con los dedos, ¡incluso los faraones!

COMÍAN

HIPOPÓTAMOS
Cazar hipopótamos era peligroso, y una muestra de valor y fuerza.

GRANADAS
Símbolo de salud y prosperidad, servían también para hacer vino.

MIEL
Era todo un lujo. ¡Se ha encontrado miel de hace 3000 años en sus tumbas!

CHUFAS
No son frutos secos, sino tubérculos, que se molían para elaborar pasteles. **¡Prueba la receta que aparece al final del libro!**

PAN
Elaborado a partir de cereales molidos, como el trigo emmer, que se amasaba y horneaba.

CERVEZA
El agua con cebada mataba los gérmenes y producía una cerveza suave y ligera.

SILUROS
Símbolo de dominación, se servían hervidos o asados.

GANSOS
Su carne y su hígado se asaban a la brasa.

PALOMAS
Se servían asadas y rellenas. Todavía hoy son un manjar en Egipto.

AVESTRUCES
Se comía su carne. Los huevos se vaciaban y servían de cuencos.

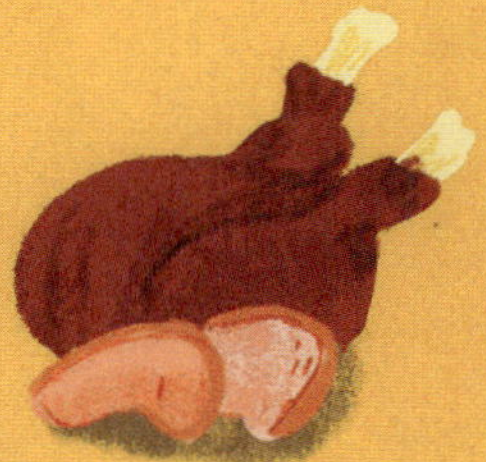

CABRAS
Los ricos comían cabra asada con miel.

ERIZOS
Recubiertos de arcilla y asados, las espinas se desprendían con la arcilla.

NO COMÍAN

PERCAS
En algunos lugares se consideraban sagradas, como las nutrias, las anguilas y otras criaturas.

RATONES
No se comían, pero se creía que si introducías un ratón recién muerto en la boca, desaparecía el dolor de muelas.

AGUA
El agua del Nilo estaba sucia y la gente enfermaba al tomarla. Todos bebían cerveza.

¿Qué comían los **AZTECAS**?

Les debemos mucho a los aztecas, ¡incluso algunos de nuestras comidas favoritas! Trabajadores, ingeniosos y agricultores, vivieron entre los siglos XIV y XVI en Mesoamérica, una zona que abarca el sur de América del Norte y la mayor parte de América Central. Cultivaban sus alimentos en chinampas, una especie de huertos flotantes construidos sobre lagunas poco profundas. ¿Qué tenían en sus huertos?

PERROS
AGUACATES
QUESADILLAS
DE QUESO
ALUBIAS
TOMATES

¡Los **AZTECAS** comían cactus!

Y muchísimo maíz, que se utilizaba para preparar casi todo lo que comían, incluidas las gachas, las tortillas y los tamales. ¡Sus platos favoritos eran la iguana, la salamandra y el armadillo asados! Celebraban banquetes a medianoche en los que arrojaban comida al suelo como ofrenda para los dioses. Fueron de los primeros en descubrir el chocolate, con el que elaboraban una bebida caliente y picante conocida como *xocoatl*. ¡Estaba tan rica que se dice que el emperador Moctezuma bebía 50 tazas al día!

COMÍAN

NOPALES
Estos «higos chumbos» están llenos de espinas. Los aztecas creían que curaban muchas enfermedades.

SALTAMONTES Y HORMIGAS
Los primeros tienen sabor terroso y a nueces; las segundas, a limón.

TOMATES
Cultivaban variedades rojas, verdes y amarillas. Puede que fueran los primeros en comer tomates.

MAÍZ
¡Se comía con casi todo! Se creía que era un regalo del dios Quetzalcóatl.

AGUACATES
Los conquistadores españoles llamaron al guacamole «la mantequilla de los pobres».

PERROS
Los perros pequeños se criaban más para comer que como mascotas.

PATOS CRIOLLOS
Su carne se cocinaba y, con sus plumas, los gobernantes aztecas se hacían abrigos.

ALUBIAS
También llamados frijoles, se remojaban en agua, se cocían y se servían condimentados en todas las comidas.

PALOMITAS DE MAÍZ
No solo se comían, sino que se ensartaban en collares y se utilizaban en tocados.

ESPIRULINA
Con estas algas se hacían unas tortas muy energéticas que se dejaban secar al sol.

XOCOATL (CHOCOLATE CALIENTE)
La bebida de los dioses. **¡Prueba la receta que aparece al final del libro!**

IGUANAS
Apodadas «los pollos de los árboles», ¡saben realmente a pollo!

NO COMÍAN

VACAS
No llegaron a América hasta finales del siglo XV o el XVI, cuando el Imperio azteca estaba desapareciendo.

QUESADILLAS DE QUESO
Si no había vacas, ovejas, o cabras, no podía haber queso, por lo que tampoco quesadillas.

AZÚCAR
Los aztecas no tenían azúcar. Usaban otros edulcorantes naturales, como la miel, la canela, la vainilla y la fruta.

¿Qué comían los **VIKINGOS**?

Se suele representar a los vikingos como saqueadores, pero también eran comerciantes, guerreros, artesanos y agricultores. Vivieron entre los siglos VIII y XI en la actual Escandinavia, aunque con el tiempo viajaron a las islas británicas, Groenlandia, Islandia e incluso América del Norte. No sabemos exactamente qué comían, pero sí que comían mucho y muy variado. Aunque no de todo... ¡Adivina qué comían y qué no!

PAN
GUISOS
ZANAHORIAS
DE COLOR
NARANJA
ARENQUES
QUESO
FRESCO
PECES DE MAR

¡Los **VIKINGOS** comían arenques!

Y pocas frutas y verduras frescas. Debido al frío, no era posible obtener cosechas todo el año, por lo que salaban, ahumaban o fermentaban los alimentos en barriles con suero (la parte acuosa de la leche) para que se conservaran en buen estado. ¡Era la versión vikinga de los frigoríficos actuales! Comían mucha carne y muchas gachas. Solían cocer los alimentos, pero también los asaban a la parrilla o al fuego, en sartenes gigantescas y grandes ollas de hierro. La comida se servía en cuencos de madera, con cucharas de madera o incluso de hueso. Cazaban y comían con afiladas dagas y sacaban la carne de las ollas con la ayuda de enormes tenedores de púas.

COMÍAN

ARENQUES
Secos, ahumados, encurtidos o en salazón, los vikingos tenían muchas formas de conservar el pescado y otros alimentos durante el invierno.

GACHAS
Elaboradas con cebada y avena, y a veces acompañadas de frutos del bosque, se tomaban para desayunar.

SKYR
Yogur espeso a base de leche de vaca que se sigue degustando en todo el mundo.

FRUTOS DEL BOSQUE
Moras, arándanos y fresas.

QUESO FRESCO
Se elaboraba a mano con leche de cabra, oveja y vaca.

OSOS
Solo los más valientes se atrevían a cazar osos.

ALCES Y RENOS
Estos animales abundaban y eran ricos en proteínas, también tomaban leche de reno.

BUEYES
Se empleaban para arar la tierra en las granjas y como alimento.

CERDOS
Los vikingos creían que los grandes guerreros comerían cerdo en el Valhalla (el cielo vikingo).

GUISOS
Se preparaban con la carne que tuvieran disponible.

SETAS
Comían todo tipo de setas, ¡excepto las venenosas!

PAN
Lo había de todas las formas y tamaños: redondo, rectangular, plano ¡y con forma de rosquilla!

NO COMÍAN

ZANAHORIAS DE COLOR NARANJA
Las zanahorias de esta época eran blancas y moradas, pero no naranjas.

PECES DE MAR
Aunque viajaban mucho por mar, no pescaban ahí, sino en los ríos y arroyos.

MELOCOTONES
Hacía demasiado frío para cultivar melocotones.

¿Qué comían los **REYES MEDIEVALES?**

Fue una época de monarcas y castillos, damas y caballeros, siervos y campesinos. La Edad Media en Europa abarca desde el siglo v hasta el xv. Los reyes y los más pudientes tenían cocineros que les preparaban la comida. Los campesinos cocinaban para ellos mismos, sobre todo coles y guisos. Para la realeza, las comidas eran una fiesta. Comían de todo, por lo menos en las grandes ocasiones. ¿Te atreves a adivinar qué?

BALLENAS
TARTAS
ARENQUES
Y SALMONES
CISNES
PAN
OSTRAS
PAVOS
REALES
GUISANTES

¡Los **REYES MEDIEVALES** comían cordero!

¡Y muchísimas otras cosas! Las cenas eran muy importantes. Cada noche, solían servirles hasta 10 platos diferentes. Disponían de cuencos de agua para lavarse, porque cortaban la comida con dagas afiladas y comían con las manos. Bebían abundante cerveza, sidra o vino. Las cenas se anunciaban con toques de cuerno y se amenizaban con bufones, malabaristas y músicos. Los modales eran esenciales: ¡nada de codos sobre la mesa, eructos, flatulencias o dedos en la nariz!

COMÍAN

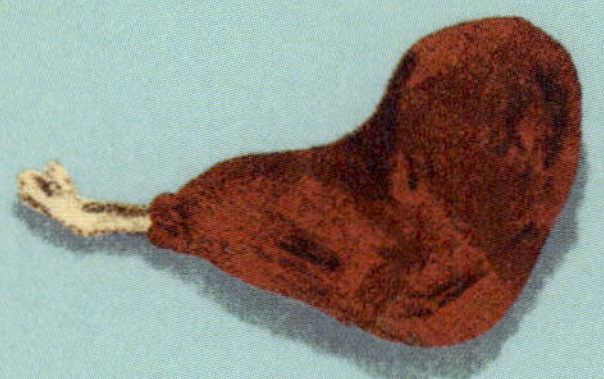

CORDEROS
Muy apreciados entre los ricos, se asaban enteros al fuego.

JABALÍES
Se cazaban en los bosques privados de los reyes y eran un delicioso manjar.

PAN
Más oscuro y denso que el actual, a veces servía también como plato.

CIERVOS
La carne magra de los ciervos se cocía en enormes calderos.

BALLENAS
Consideradas «peces reales», se comía su carne, su grasa e incluso su lengua.

GUISANTES
Se cocinaban frescos, ¡nada de congelados! Eran muy populares en la Edad Media.

CISNES Y PAVOS REALES
Se asaban enteros, con plumas, para confeccionar suntuosos centros de mesa.

ARENQUES Y SALMONES
El pescado se servía fresco, salado o ahumado, según la temporada.

UVAS
Se elaboraba vino ya en todo el sur de Europa.

OSTRAS
Un lujo para los que estaban cerca de la costa.

GRULLAS
Todo lo que volaba iba a la cazuela.

PASTELES
De cerdo, de cordero, de ciruelas con perejil... ¡Les encantaban!

NO COMÍAN

ZANAHORIAS CRUDAS
Se creía que los alimentos crudos provocaban enfermedades, por lo que se rebozaban.

CAFÉ
El café y el té no habían llegado a Europa; en su lugar se bebía cerveza o sidra de manzana.

LECHE
A veces se daba a los niños, pero no se conservaba bien. La plebe bebía sidra.

¿Qué comían los **NINJA**?

Los *ninja* eran ágiles y veloces. También conocidos como *shinobi*, estos espías japoneses puede que existieran desde el siglo XII. Eran capaces de trepar por los árboles, escalar paredes, colgarse de una cuerda o deslizarse por una viga. Muy sigilosos, siempre estaban activos, por lo que su comida debía proporcionarles mucha energía y ser fácil de transportar. ¿Qué solían comer?

TOFU
ÑAME CHINO
PÍLDORAS DEL HAMBRE
HUEVOS DE CODORNIZ
SÉSAMO NEGRO
SALTAMONTES

¡Los **NINJA** comían serpientes!

Y alimentos que olieran poco, porque si los descubrían podían darse por muertos. Después de todo, su trabajo consistía en espiar a sus enemigos sin ser vistos (¡¡ni olidos!!). Siempre en movimiento, llevaban «píldoras del hambre» con zanahorias y regaliz de palo. Estas bolas de arroz, que eran un poco como las barritas energéticas de hoy en día, los mantenían bien alimentados. También llevaban «bolas de la sed», elaboradas con puré de ciruelas encurtidas y otras delicias, que servían de botellas de agua comestibles. Algunos alimentos se utilizaban como códigos secretos, como el pescado en salazón, que supuestamente significaba «peligro».

COMÍAN

SERPIENTES
Supuestamente, cazaban y comían serpientes. ¡Eran los espaguetis de los espías!

SALTAMONTES
Diminutos y nutritivos, los comían como si fueran palomitas.

RANAS
Estos anfibios eran muy abundantes y nutritivos.

PESCADO EN SALAZÓN
Fácil de comer y nutritivo, se cree que servía también para enviar mensajes secretos.

TOFU
Con un aroma y un olor suave, y muy sano, era perfecto para los *ninja*.

PIÑONES
Se creía que estas semillas ayudaban a mantener alerta los cinco sentidos.

HUEVOS DE CODORNIZ
Pensaban que comerlos les ayudaba a esconderse.

SÉSAMO NEGRO
Creían que los alimentos de color negro los protegían del frío y los mantenía activos.

ARROZ
Lo mezclaban a menudo con vino de arroz o agua caliente para mantenerse calientes en invierno.

BOLAS DE LA SED
Se elaboraban con puré de ciruelas encurtidas, cornezuelos y azúcar.

ÑAME CHINO
Se incluía en las píldoras de hambre por ser muy rico en almidón.

PÍLDORAS DEL HAMBRE
Bolas de arroz pequeñas pero nutritivas, perfectas para misiones secretas.

NO COMÍAN

CARNE ROJA
Se pensaba que anestesiaba los sentidos y los *ninja* necesitaban estar siempre alerta.

AJO
¡Huele demasiado! Si lo comieran, ¡su aliento los delataría!

HELADO DE TÉ VERDE
Todavía no había helados. (¿¿Te imaginas un mundo sin helados??)

¿Qué comían los **PIRATAS**?

Allá por el siglo XVI, los piratas zarpaban en sus barcos y no pisaban tierra durante meses, excepto quizá alguna isla desierta. Navegaron desde el mar Caribe hasta el océano Atlántico y el Índico. Fueron exploradores y aventureros, pero también a menudo prófugos y saqueadores. En alta mar, sin frigoríficos, huertos o supermercados, ¿qué comerían?

VACAS
QUESO
ARMADILLOS
CARTERAS
DE CUERO
HUEVOS
GALLINAS
RON
FLAMENCOS
NARANJAS
Y LIMONES
OJOS
HUMANOS

¡Los **PIRATAS** comían huevos!

¡Y cualquier producto fresco, mientras duraba! Al principio del viaje, el barco disponía de alimentos frescos, pero a medida que pasaban los meses, tenían que conformarse con lo que quedaba. Que no era mucho. O no demasiado apetitoso, ya que todo se acababa o se estropeaba y solo quedaban galletas. ¡Un montón de galletas saladas durísimas que, con la humedad, se llenaban de moho y gusanos y por menos de nada te rompían un diente!

COMÍAN

HUEVOS
Mientras las gallinas estaban vivas…

QUESO
El queso era magnífico, hasta que se acababa…

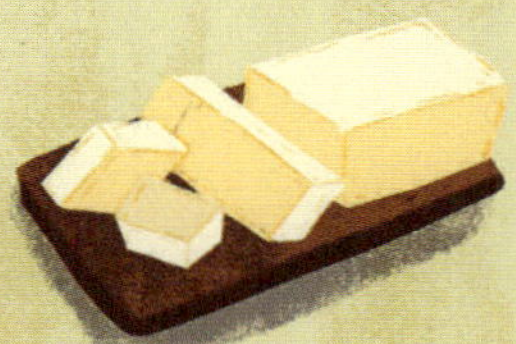

MANTEQUILLA
Se almacenaba en barriles y se utilizaba para cocinar y aportar sabor.

GALLINAS
¡Las gallinas que dejaban de poner huevos iban directas al puchero!

FLAMENCOS
«Excelente carne», escribió el famoso pirata William Dampier en su diario.

VACAS
Su carne se secaba y salaba en barriles. ¡Estaba tan dura que servía para hacer cinturones!

ARMADILLOS
Dampier también dijo que «saben como las tortugas de tierra».

LANGOSTAS
«Muy jugosas y con las cabezas muy crujientes», apuntó Dampier.

GALLETAS MARINERAS
Durísimas, se hacían con harina, sal y agua. **¡Prueba la receta que aparece al final del libro!**

RON
El agua de los barriles se volvía verde y viscosa al cabo de las semanas, por lo que había que beber ron.

NARANJAS Y LIMONES
Se consumían para evitar una enfermedad llamada escorbuto, provocada por la falta de vitamina C.

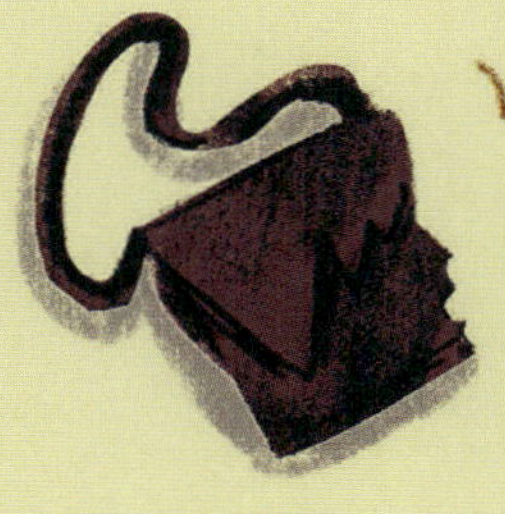

CARTERAS DE CUERO
Una vez un barco varado se quedó sin comida, así que los piratas las cortaron en tiras finas y las frieron.

NO COMÍAN

PECES
En realidad, casi no comían pescado: el barco estaba siempre surcando los mares y la pesca requería tiempo.

MONEDAS DE CHOCOLATE
¡Un pirata hambriento las hubiera apreciado tanto como las de oro! Pero el chocolate con leche aún no existía.

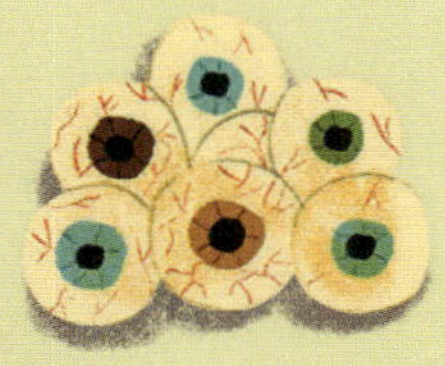

OJOS HUMANOS
Los parches eran para que su vista se adaptara mejor a la oscuridad, no solo porque les faltara un ojo.

¿Qué comían los **EMPERADORES QING?**

Para los emperadores de la dinastía Qing, que gobernó China de 1644 a 1912, la comida era una forma de mantener o mejorar la salud de las personas. ¡Y así fue! El emperador Qianlong vivió hasta los 87 años, toda una hazaña en el siglo XVIII, cuando la gente solía morir a los 50 o 60 años. ¿Qué alimentos de los que aparecen aquí te parecen lo suficientemente saludables como para preparar un festín digno de un rey?

VACAS
TIBURONES
TOFU
NIDOS DE PÁJAROS
BOLLOS AL VAPOR
TÉ
CIERVOS
CUERVOS
GALLETAS DE LA SUERTE

¡Los **EMPERADORES QING** comían arroz púrpura!

¡Y muchísimos otros manjares! Los emperadores hacían dos comidas fuertes al día, además de otras más pequeñas, a menudo sentados solos a la mesa. El primer bocado lo tomaban a las 4 de la mañana. La comida del medio día era la más copiosa ¡y podía constar de entre siete y cien platos! Un sirviente solía probar los alimentos para comprobar que no estaban envenenados. Los emperadores siempre comían de manera armónica, equilibrando los cinco sabores: dulce, amargo, ácido, salado y picante.

COMÍAN

ARROZ PÚRPURA
Este nutritivo arroz también era conocido como arroz prohibido, porque estaba reservado para los ricos.

NIDOS DE PÁJAROS
Hechos con saliva de pájaro solidificada, se cocían con jengibre y caldo y se hacía una sopa.

SOPA DE ALETA DE TIBURÓN
Antiguamente era muy popular entre los ricos, pero hoy está prohibido en muchos lugares para proteger a los tiburones.

PIERNA DE CERDO
Se acompañaba de siete delicias: nidos de pájaro, pato, carne ahumada, col, alitas de pollo, estómago de cerdo y setas.

MELOCOTONES
Se rellenaban de carne de pato asado.

ESPINACAS
Se salteaban con gambas secas o se guisaban.

TOFU
Cuajada de leche de soja que se prensaba en bloques y se servía con setas.

PATO
Se guisaba con vino y coliflor.

CIERVOS
Los cazaban incluso los emperadores y se asaban o cocían al vapor.

PERAS Y MANDARINAS
Las frutas frescas y secas formaban parte de la dieta del emperador.

TÉ
Los emperadores Qing tomaban té a diario en lujosos juegos de porcelana, a menudo con amigos.

BOLLOS AL VAPOR
Se rellenaban con cualquier cosa, desde calabaza y cordero hasta ñame chino.

NO COMÍAN

CUERVOS
Los emperadores los consideraban sagrados, así que los alimentaban y protegían.

GALLETAS DE LA SUERTE
Se cree que son originarias de Japón. Se popularizaron gracias a los restaurantes chinos de Estados Unidos.

VACAS
Se consideraba un pecado comerse las vacas, ya que eran «bestias de carga».

¿Qué comió la **EMPERATRIZ TAITU** de Etiopía?

En 1887 la emperatriz Taitu, la esposa del emperador Menelik de Etiopía, organizó una gran fiesta de cinco días en su palacio con vistas a la nueva capital, Adís Abeba. La emperatriz pensaba que la comida y la política están relacionadas y sabía que un banquete podía ayudar a unir a la población de ese país emergente. Miles de etíopes acudieron al evento. ¿Qué manjares les sirvió?

VACAS
BUEYES
CORDEROS
ESPECIAS
HIDROMIEL
JENGIBRE
HUEVOS
LENTEJAS
BERZA
ENSALADA DE
FRUTA FRESCA
POLLO
CAFÉ
FRAPPÉ

¡La **EMPERATRIZ TAITU** comió injera!

La emperatriz Taitu organizó un banquete con platos de diferentes culturas locales en una carpa gigante. Miembros de la Iglesia, sirvientes, nobles y ciudadanos comieron en largas mesas de madera, aunque no todos al mismo tiempo. Cada día, a las 9 de la mañana, se daba de comer primero a los guardias de palacio para que pudieran controlar a la multitud que se agolpaba para entrar. Por la noche, la carpa se iluminaba con velas y antorchas. La fiesta de Taitu supuso el inicio de la cocina etíope moderna.

COMIERON

INJERA
Se sirvieron 500 cestas de este esponjoso y delicioso pan etíope, elaborado con un cereal de grano muy pequeño llamado teff.

HIDROMIEL
Se bebieron unas 45 jarras de hidromiel, así como cerveza de cebada servida en cuernos de vaca.

ESPECIAS
Para aromatizar los alimentos se utilizó berbere, canela, guindillas, sal y otras especias.

POLLO
A la emperatriz Taitu le encantaba el pan relleno de pollo, llamado *doro dabo*.

LENTEJAS
El *misir wot*, un guiso de lentejas picantes, se servía con injera.

VACA (TERNERA)
El *kai wot* era un guiso de ternera con berbere, una mezcla de especias.

MANTEQUILLA
Se conservaba en frascos de arcilla para mantenerla fresca.

BUEY
Preparaban guisos de buey de esos que quitan el hambre.

JENGIBRE
Servía para perfumar el *emmes*, un guiso de carne con especias y mantequilla.

BERZA
¡Una verdura de hoja verde, picante y saludable!

POLLO
El *doro wat*, pollo guisado con huevo, mantequilla y pimienta, era muy picante.

CORDERO
Plato muy contundente de costillas de cordero con salsa de cúrcuma.

NO COMIERON

ENSALADA DE FRUTA FRESCA
Aparte de plátanos y limones, no había mucha más fruta en las tierras altas de Etiopía.

CERDO
A menudo no se come por razones religiosas.

CAFÉ FRAPPÉ
En el siglo XIX no había cadenas internacionales de cafeterías, ¡pero sí mucho café negro!

¿Qué comen los **ASTRONAUTAS**?

La comida espacial ha cambiado mucho desde 1969, cuando Neil Armstrong pisó por primera vez la Luna. Hoy en día los astronautas disponen de una gran variedad de alimentos. La comida en el espacio debe ser sana, debe poder conservarse durante meses y, sobre todo, ¡no debe flotar en el aire! ¿Qué se come en el espacio? ¿Cómo se elabora?

BEBIDAS CON GAS
CAFÉ
DONUTS CON AZÚCAR GLAS
ZANAHORIAS
TORTILLAS MEXICANAS RELLENAS
MACARRONES CON QUESO
TERNERA
PUDIN DE CHOCOLATE
TACOS MEXICANOS

¡Los **ASTRONAUTAS** comen macarrones!

¡Y muchas otras cosas que a todos nos encantan! En los primeros viajes espaciales comían puré de manzana y de carne en tubos parecidos a los de la pasta de dientes. Hoy la comida es mucho más rica y los menús los diseñan incluso chefs muy famosos. Los platos se envasan al vacío, sin aire. A veces están listos para comer; otras, tienen que añadirles agua o calentarlos. Los astronautas utilizan cucharas magnéticas extralargas para llegar al fondo de las bolsas y mantenerlas sujetas a las bandejas. El espacio adormece las papilas gustativas, por lo que la comida es mucho más fuerte. ¡En la Tierra, todo te sabría demasiado salado!

COMEN

MACARRONES CON QUESO
Como en casa, pero liofilizados (solo hay que añadirles agua caliente).

CLAFOUTIS DE ZANAHORIA
Un bizcocho de zanahorias condimentadas con pimentón ahumado.

ENSALADA DE KALE
¡Las verduras se acaban de incorporar! Se remojan en agua caliente para que estén crujientes.

TERNERA
Conservas de ternera con salsa de champiñones (muy espesa para que no flote).

CÓCTEL DE GAMBAS
Gambas cocidas y frías con salsa rosa picante.

TACOS MEXICANOS
Con chiles frescos de las primeras cosechas de la estación espacial.

LANGOSTA
Cocinada más tiempo y a mayor temperatura que en la Tierra y servida con salsa de limón.

CURRY DE PESCADO
Cuando se rehidrata (se añade agua), la mezcla de especias del curry le aporta sabor.

PIZZAS
¡En el espacio no hay comida a domicilio! Cada uno se lleva su pizza.

CAFÉ
Instantáneo y servido en una bolsa con una pajita.

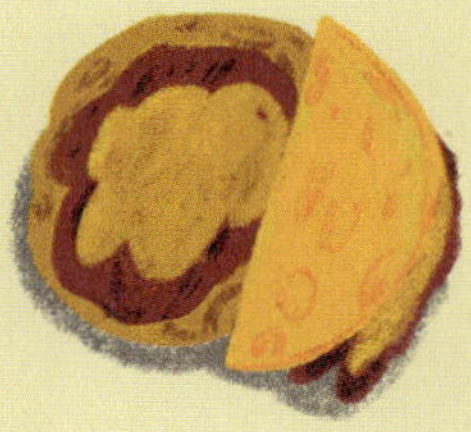

TORTILLAS MEXICANAS
¡Triunfan los rellenos pegajosos, como la miel y la mantequilla de cacahuete! ¡Y no hay migas!

PUDIN DE CHOCOLATE
¡Ya no está liofilizado! Se estruja la bolsa y se sirve en una cuchara para que no se derrame.

NO COMEN

PATATAS FRITAS
Dejan demasiadas migas y podrían entrarles en los ojos y las máquinas causándoles problemas.

BEBIDAS CON GAS
¡Uff! ¡Las burbujas podrían provocarles situaciones molestas e incómodas!

DONUTS CON AZÚCAR GLAS
¡Manchan mucho! Si fueran glaseados, quizá podría ser...

¿Qué comeremos **NOSOTROS** en el futuro?

No podemos saber con exactitud qué comeremos dentro de 20 años (¡y mucho menos de 200!), pero ¿te apetece intentar adivinarlo? Nuestro planeta es increíble y, si lo tratamos bien, nos permitirá obtener toda la comida y el agua que necesitamos para sobrevivir. La cuestión es que en la actualidad somos ya casi ocho mil millones de personas y en el futuro habrá millones o miles de millones de personas más. ¿Cómo podemos protegerlo y comer de manera sostenible?

Comeremos todo tipo de pescado

¡A mucha gente le encanta el pescado! Pero todos comemos demasiado de lo mismo (salmón y atún, sobre todo), lo que provoca la sobrepesca. La cocina «azul» es el futuro, pero tendremos que aprender a ampliar nuestro paladar. Las medusas tienen poca grasa y muchas proteínas y son una de las criaturas más sostenibles del océano. ¿Sabes qué más es comestible, delicioso y vive debajo del agua? ¡Las algas!

Comeremos insectos

¡Grillos, orugas, saltamontes o incluso lombrices! En muchos lugares del mundo ya se comen insectos. Fuente de vitaminas y muy fáciles de encontrar, son buenos para nuestro organismo y para el medio ambiente. Algún día podremos comer cereales de hormigas, leche de cucaracha, helado de gusanos de seda o patatas fritas de grillos.

Comeremos más verduras y menos carne

Las macrogranjas no son buenas para el medio ambiente. Las vacas eructan y emiten gases de efecto invernadero que contribuyen al calentamiento global. Cuantas más plantas y menos carne comamos, mejor. Los aztecas conocían ya el poder de los vegetales: comían montones de nopales e higos chumbos, nutritivos y saludables, y se siguen comiendo hoy día en ensaladas y tacos. Hay cientos de tipos de cactus comestibles, ¡y todos necesitan mucha menos agua que las vacas!

Inventaremos nuevas formas de carne

La carne de origen vegetal es ya muy popular y muy pronto lo será también el pescado. Como los *nuggets* de pollo, los palitos y filetes de pescado vegetarianos enseguida se elaborarán en los laboratorios. Los científicos se han esforzado por crear carne a partir de células de animales. ¿Sabes a qué se parece, y a qué sabe, un *nugget* de laboratorio? ¡Pues a uno de pollo normal y corriente!

No podemos viajar en el tiempo, pero podemos intentarlo...
¡Prueba estos «deliciosos» platos históricos! ¿Preparado?

Come como un CAVERNÍCOLA

¿Recuerdas lo que dijimos al principio de este libro que a los primeros humanos les encantaba comer? ¡Eso es! ¡Bellotas! No las comas nunca crudas y pide siempre ayuda a un adulto para cocinarlas.

Bellotas asadas

Ingredientes:

Bellotas, todas las que te vayas a comer
Sal, al gusto (¡aunque los cavernícolas no tenían sal!)

Puedes comprar bellotas a granel, pero es más divertido recogerlas del bosque como hacían en la prehistoria.
Las bellotas crecen en los robles y se caen al suelo. Busca las que sean de color marrón, estén lisas y tengan la cúpula que cubre la base. Toma solo las que se acaben de caer. Rompe la cáscara y retírales la cúpula. Extiéndelas sobre una superficie dura y aplástalas con un rodillo. Sumérgelas en agua tibia unas horas y acláralas. Cuécelas y cuélalas. Déjalas secar. Precalienta el horno a 160 °C. Espárcelas en una bandeja de horno y ásalas una hora, dándoles la vuelta de vez en cuando, hasta que se doren y empiecen a oler como a nueces tostadas. Sálalas ¡y a comer!

Come como un ANTIGUO EGIPCIO

Los antiguos egipcios dejaron alimentos momificados, lo que ha permitido a los historiadores de los alimentos saber lo que comían y dar con esta receta.

Tarta de miel con chufas

Ingredientes:

190 g de harina de chufa
170 g de harina integral
80 ml de leche entera
2 huevos
3 cdas. de mantequilla derretida, y un poco más para freír
120 ml de miel

Mezcla los ingredientes y amásalos. Extiende la masa sobre una superficie ligeramente enharinada hasta obtener un rectángulo de 1,5 cm de grosor. Córtalo en 4 cuadrados y después cada uno en diagonal para obtener triángulos. Derrite unas 2 cucharadas de mantequilla en una sartén. Añade tantos triángulos de masa como quepan y fríelos por un lado 2 minutos. A continuación, dales la vuelta, rocía la sartén con miel y fríelos por el otro lado otros 2 minutos. Repite la operación con el resto y sírvelos calientes.

Pide a un adulto que te ayude para aplastar, cocer y hornear.

Come como un PIRATA

Estas galletas hacen honor a su nombre en inglés (*hardtack*, *hard* quiere decir «duro»). Fáciles de preparar, eran muy populares entre los piratas en alta mar. Úntalas con mantequilla de cacahuete o mermelada, o cómelas solas, como ellos.

Galletas marineras

Ingredientes:

270 g de harina
½ cda. de sal
120-175 ml de agua

Precalienta el horno a 120 °C. Mezcla la harina con la sal en un bol. Añade agua y remueve con las manos hasta que ligue. Extiende la masa sobre una superficie hasta alcanzar un grosor de 1 cm. Con un cuchillo, córtala en cuadrados pequeños. Colócalos en una bandeja de horno y, con un palillo, haz 16 agujeros en cada cuadrado, separados unos de otros de manera uniforme. Hornea las galletas por lo menos 4 horas, dándoles la vuelta una vez a mitad de la cocción. Déjalas enfriar sobre una rejilla en un lugar seco.

Bebe como un AZTECA

Los aztecas elaboraban todo tipo de bebidas de chocolate: chocolate con miel, chocolate rojo (¡para que pareciera sangre!) y una bebida de chocolate amargo llamada *xocoatl* que llevaba chile, por lo que era picante.

Xocoatl (chocolate caliente)

Ingredientes:

950 ml de leche o agua
200 g de chocolate mexicano sin azúcar
1 ramita de canela
1 guindilla partida por la mitad y sin semillas
1 cdta. de extracto de vainilla

En una cazuela, hierve la leche a fuego medio. Incorpora el chocolate y cuécelo a fuego lento. Añade la canela y la vainilla, y remueve. (¡Agrega la guindilla si quieres que pique!) Retira la canela y bátelo hasta que esté espumoso. Viértelo en tazas, añade la ramita de canela y sírvelo. Si quieres tomarlo como los aztecas, déjalo enfriar hasta que esté tibio. Bébelo caliente si hace frío y prefieres entrar en calor. El emperador Moctezuma lo bebía en una copa de oro macizo, pero una taza más normalita sirve también.

Nota de la autora

Investigar lo que los seres humanos comían hace siglos no ha sido fácil, pero he contado con la enorme ayuda y la amabilidad de muchos expertos, entre ellos: Joanna Waley-Cohen, profesora de la Universidad de Nueva York con sede en Shanghái; Kate Spence, de la Universidad de Cambridge; Peter Ungar, de la Universidad de Arkansas; Harry Kloman, de la Universidad de Pittsburgh; Neil Price, de la Universidad de Uppsala, en Suecia; y Ryan Dowdy, excientífico de la NASA especializado en alimentación y ahora centrado en el futuro. También acudí a fuentes fiables como museos y artículos académicos, publicaciones como *National Geographic* y *Atlas Obscura*, organizaciones como el Centro Internacional de Investigación de los Ninja, libros de no ficción y uno de los primeros libros de cocina del mundo. Incluso sitios web divertidos, como Pass the Flamingo, de Andrew Coletti, que nos dio permiso para publicar la receta de la tarta de chufas, así como *Flavor and Fortune*, de Jacqueline Newman. Como, en algunos casos, apenas se conservan registros (y la mayoría de los que vivieron durante los periodos de este libro obviamente ya no existen), solo podemos intentar reconstruir lo que comían. Así que, por favor, niños y adultos, ¡disfrutad de este libro con una pizca... de humor!

Sobre la autora

Rachel Levin es autora de *Look Big: And Other Tips for Surviving Animal Encounters of all Kinds* y coautora de los libros de cocina *Eat Something* y *Steamed*. También es periodista, madre y una excelente gastrónoma de San Francisco. Encontrarás más información sobre Rachel en byrachellevin.com

Sobre la ilustradora

Natalia Rojas Castro es una ilustradora colombiana que vive en Bogotá. Sus ilustraciones se inspiran en los colores y la naturaleza colombianos y en las calles de la capital, donde vive. La comida es muy importante para ella, especialmente el ajiaco, una sopa tradicional que su madre, su cocinera favorita, prepara los días fríos del invierno.